BOOK 1

Cursive WRITING
Practice Workbook

Specially created by experienced teachers for enhancement of pre-writing skills in children!!

Patterns

Love all animals.

Patterns

Brush your teeth daily.

Patterns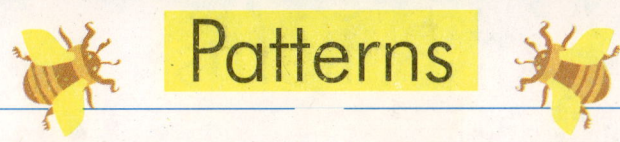

Eat healthy food.

Patterns

Pray to God.

Bb   Bb   Bb   Bb   Bb

Bb   Bb   Bb   Bb   Bb

Bb   Bb   Bb   Bb   Bb

Bb   Bb   Bb   Bb

Bb   Bb   Bb

Bb   Bb

Brush your teeth daily.

Bb

Eat healthy food.

Dd Dd Dd Dd Dd

Dd Dd Dd Dd Dd

Dd Dd Dd Dd Dd

Dd Dd Dd Dd

Dd Dd Dd

Dd Dd

Pray to God.

Dd

Ee Ee Ee Ee Ee

Ee Ee Ee Ee Ee

Ee Ee Ee Ee Ee

Love all animals.

Ee Ee Ee Ee

Ee Ee Ee

Ee Ee

Ee

Ff Ff Ff Ff Ff

Ff Ff Ff Ff Ff

Ff Ff Ff Ff Ff

Ff Ff Ff Ff

Ff Ff

Do your homework daily.

Ff

Eat healthy food.

Pray to God.

Ii Ii Ii Ii Ii

Ii Ii Ii Ii Ii

Ii Ii Ii Ii Ii

Ii Ii Ii Ii

Ii Ii Ii

Ii Ii

Ii

Love all animals.

Brush your teeth daily.

Kk Kk Kk Kk Kk

Kk Kk Kk Kk Kk

Kk Kk Kk Kk Kk

Kk Kk Kk Kk

Kk Kk Kk

Kk Kk

Do your homework daily.

Kk

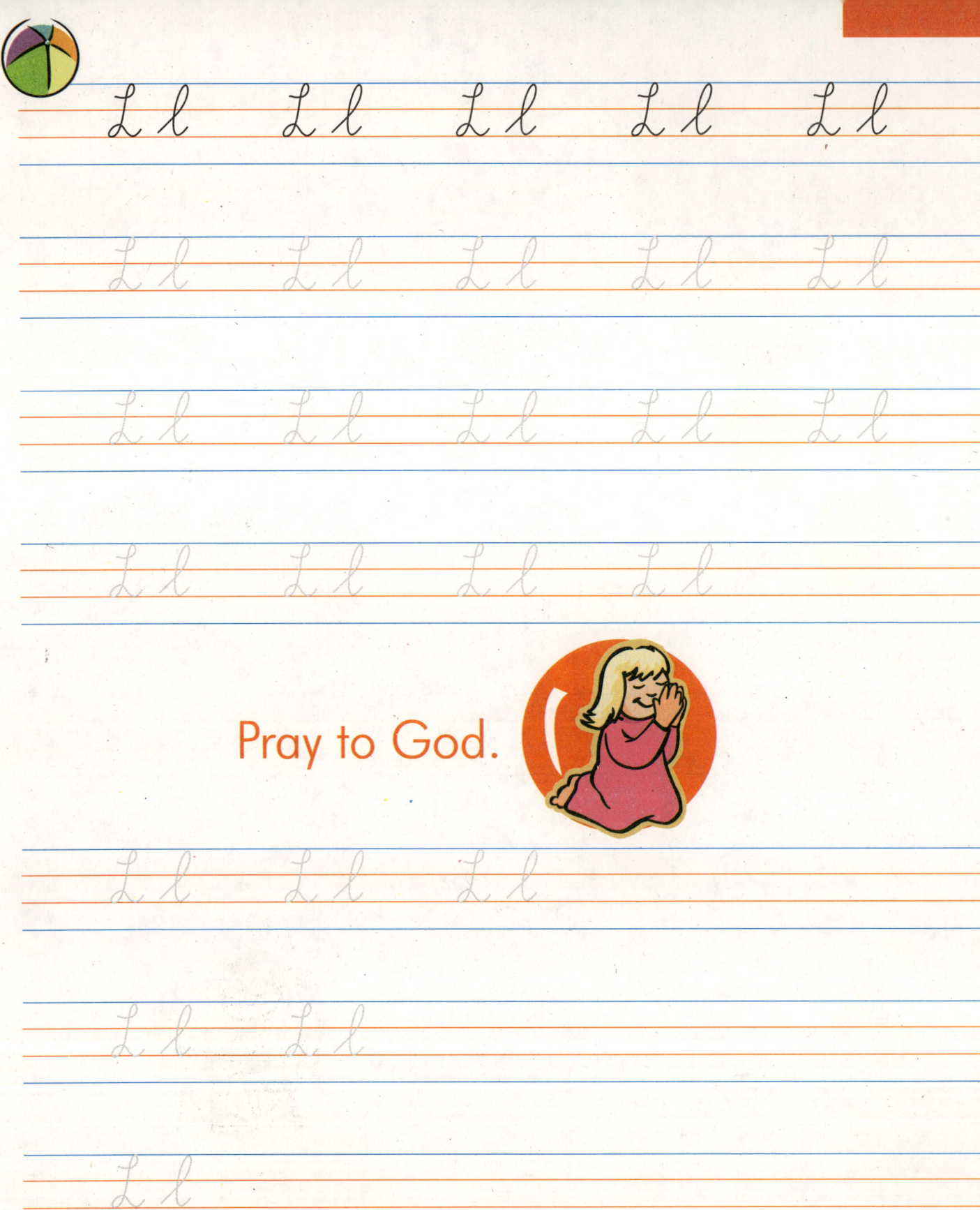

Pray to God.

Eat healthy food.

Love all animals.

Oo Oo Oo Oo Oo

Oo Oo Oo Oo Oo

Oo Oo Oo Oo Oo

Oo Oo Oo Oo

Oo Oo Oo

Oo Oo

Brush your teeth daily.

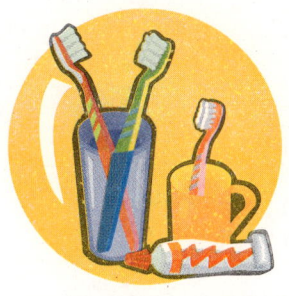

Oo

Pp Pp Pp Pp Pp

Do your homework daily.

Qq Qq Qq Qq Qq

Qq Qq Qq Qq Qq

Qq Qq Qq Qq Qq

Qq Qq Qq Qq

Qq Qq Qq

Qq Qq

Qq

Eat healthy food.

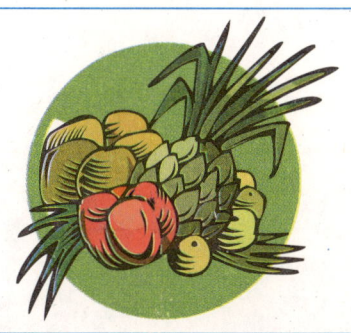

Rr   Rr   Rr   Rr   Rr

Love all animals.

Ss Ss Ss Ss Ss

Ss Ss Ss Ss Ss

Ss Ss Ss Ss Ss

Ss Ss Ss Ss

Ss Ss Ss

Ss Ss

Pray to God.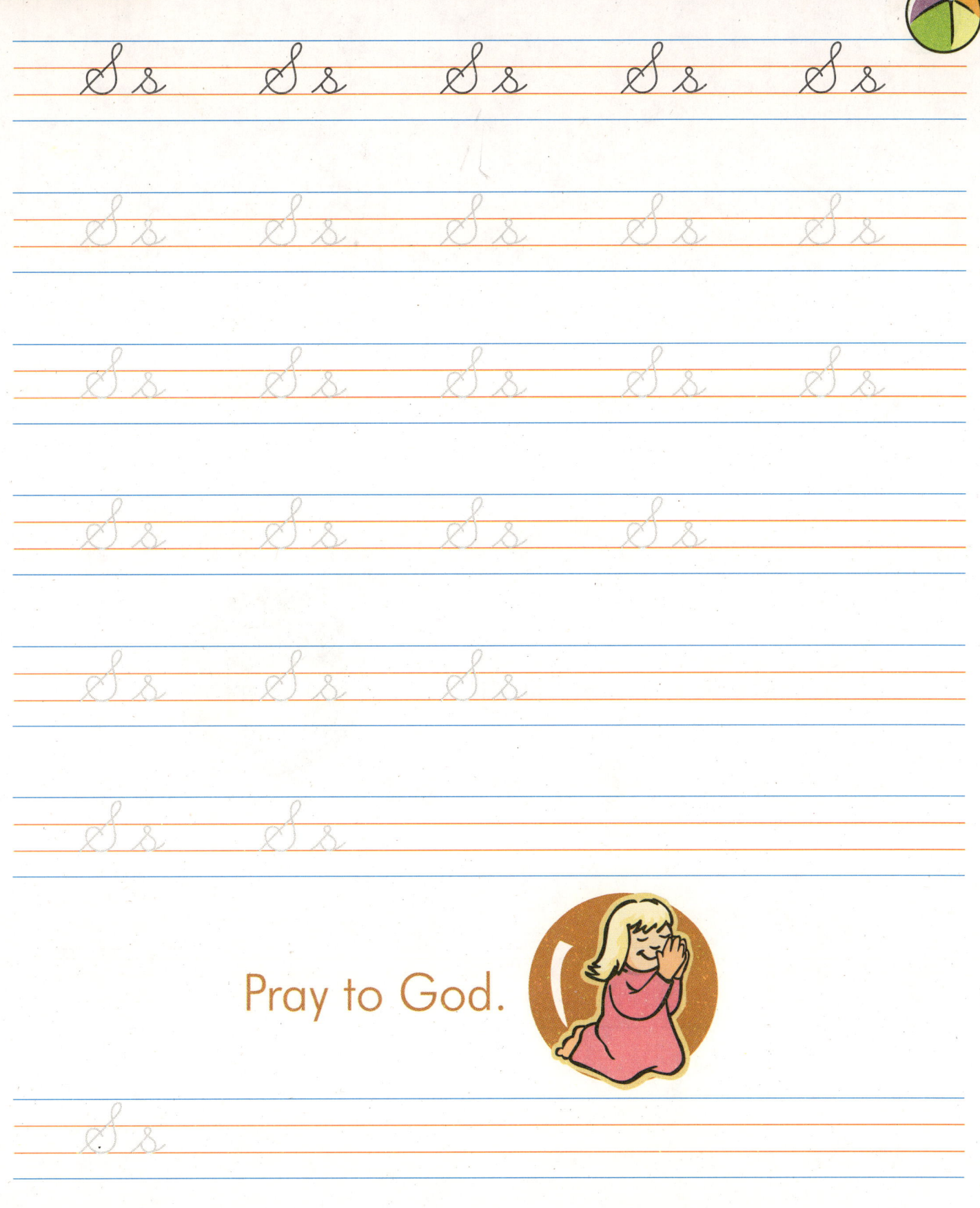

Ss

Brush your teeth daily.

Eat healthy food.

Do your homework daily.

Love all animals.

Pray to God.

Brush your teeth daily.

Zz Zz Zz Zz Zz

Zz Zz Zz Zz Zz

Zz Zz Zz Zz Zz

Zz Zz Zz Zz

Zz Zz Zz

Zz Zz

Zz

Eat healthy food.

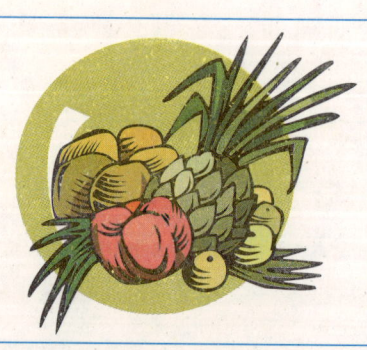